NATIONAL GEOGRAPHIC KiDS

国家地理

经典百科全书

问答百科1

[美] 艾美·雪尔德 / 著
吴 婧 / 译

四川少年儿童出版社

目录 Contents

为什么奶奶
有皱纹?
为什么有些
人的头发是
卷曲的?

为什么有些人
是双胞胎？
1
奇妙的
人体
为什么
我们晚上要
睡觉？

为什么你是特别的？

nǐ shì dú yī wú èr de
你是独一无二的！

shì jiè shang méi yǒu yí gè rén hé nǐ yì mú yí yàng jí shǐ
世界上没有一个人和你一模一样。即使
shì tóng luǎn shuāng bāo tāi zài mǒu xiē fāng miàn yě huì yǒu suǒ bù tóng
是同卵双胞胎在某些方面也会有所不同。

nǐ de wài zài hé nèi zài shì jié rán bù tóng de
你的外在和内在是截然不同的：
suī rán nǐ shēn tǐ wài bù de pí fū tóu fa hé
虽然你身体外部的皮肤、头发和
zhǐ jia dōu méi yǒu shēng mìng dàn nǐ de
指甲都没有生命，但你的
shēn tǐ nèi bù wā zhèng
身体内部……哇，正
zài jǔ xíng rè nao de pài
在举行热闹的派
duì ne
对呢！

出生之后仅仅几个小时，你就能凭借气味认出自己的妈妈。

shì jiè shang méi rén huì
世界上没人会
yǒu hé nǐ yì mú yí yàng de yǎn
有和你一模一样的眼
jing nǐ de zhǐ wén jiǎo yìn
睛。你的指纹、脚印
hé shé tou shang de wén lù dōu
和舌头上的纹路都
gēn bié rén bù tóng
跟别人不同。

在手臂上画一个边长为2.5厘米的正方形。

这一小块皮肤中，包含了2.7米长的血管、3.5米长的神经纤维、1300个神经细胞、100个汗腺、300万个细胞和3200万个细菌。想象一下：你身体的其他部位会是什么情形？

为什么我们的肤色不一样？

皮肤有颜色是因为黑色素。

你的身体会产生黑色素来保护皮肤不被太阳晒伤。如果祖先住在阳光充足的地方，后代的皮肤天生就有较多的黑色素，肤色较深；如果祖先住在缺乏阳光的地方，后代的皮肤所含的黑色素就较少，肤色较浅。

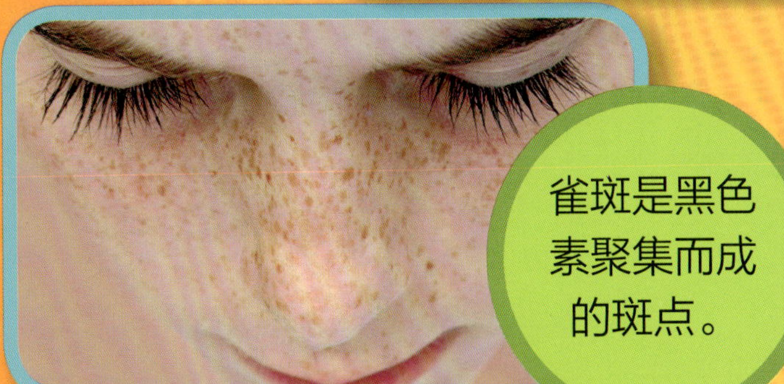

雀斑是黑色素聚集而成的斑点。

dà qíng tiān shí　zài shǒu zhǐ shang tiē
大晴天时，在手指上贴

yì zhāng chuāng kě tiē　měi tiān jí shí gēng
一张创可贴，每天及时更

huàn xīn de　jǐ tiān zhī hòu qǔ xià lái
换新的，几天之后取下来，

kàn kan bèi tiē chù yǒu méi yǒu chǎn shēng hēi
看看被贴处有没有产生黑

sè sù　méi yǒu　fǎn ér bái le yì xiē
色素？没有，反而白了一些。

zhè shì yīn wèi chuāng kě tiē wèi pí fū dǎng
这是因为创可贴为皮肤挡

zhù le yáng guāng　rú guǒ yáng guāng zhào zài
住了阳光。如果阳光照在

pí fū shang　jiù huì chǎnshēng hēi sè sù lái
皮肤上，就会产生黑色素来

zhē dǎng yáng guāng　nǐ de pí fū jiù huì
遮挡阳光，你的皮肤就会

biàn hēi
变黑。

为什么我们有肚脐？

měi gè zài mǔ qīn tǐ nèi yùn
每个在母亲体内孕
yù de shēng wù dōu yǒu dù qí dù
育的生物都有肚脐。肚
qí céng jīng lián zhe yì gēn guǎn zi
脐曾经连着一根管子，
mā ma kě yǐ tōng guò zhè gēn guǎn zi
妈妈可以通过这根管子
xiàng tāi ér shū sòng yíng yǎng tāi
向胎儿输送营养。胎
ér chū shēng hòu guǎn zi
儿出生后，管子
jiù huì bèi jiǎn duàn bèi
就会被剪断。被
jiǎn chù de shāng kǒu jié
剪处的伤口结
jiā tuō luò hòu jiù
痂脱落后，就
zài nǐ dù pí shang liú xià
在你肚皮上留下
le yí gè xiǎo bā dù qí
了一个小疤——肚脐。

肚脐也叫
肚脐眼儿。

有些人的
肚脐是凹下去的，
有些人的肚脐是
凸出来的。

hǎi tún de dù qí kàn shàng
海豚的肚脐看上

qù xiàng yí gè "shí" zì
去像一个"十"字。

gǒu hé māo de dù qí
狗和猫的肚脐

jiù xiàng yì tiáo zhí xiàn
就像一条直线。

hēi xīng xing de
黑猩猩的

dù qí hé rén lèi de
肚脐和人类的

dù qí hěn xiàng
肚脐很像。

为什么有些人是双胞胎?

rén lèi de mǔ qīn tōng cháng
人类的母亲通常
yì tāi zhǐ shēng yí gè bǎo bao
一胎只生一个宝宝。
chū xiàn tóng luǎn shuāng bāo tāi chún
出现同卵双胞胎纯
shǔ ǒu rán tóng luǎn shuāng bāo tāi
属偶然。同卵双胞胎
shì yóu tóng yí gè shòu jīng luǎn fēn
是由同一个受精卵分
liè ér chéng de suǒ yǐ tā men
裂而成的，所以他们
jī hū zhǎng de yì mú yí yàng
几乎长得一模一样。
yì luǎn shuāng bāo tāi zé zhǎng de
异卵双胞胎则长得
bù xiāng xiàng yīn wèi shì
不相像，因为是
yóu liǎng gè shòu jīng luǎn
由两个受精卵
fā yù ér chéng de
发育而成的。

一胎生出三个宝宝，是三胞胎，生出四个宝宝则是四胞胎。

同卵双胞胎出生时几乎长得一模一样，但他们可能在性格上有区别。如果你对他们足够了解的话，还是可以将他们区分开来。

小实验：全家一起卷舌头

你是爸爸妈妈的结合体，同时也夹杂了一些自然和偶然的因素。你和家人长得像吗？你们又有哪些不同呢？

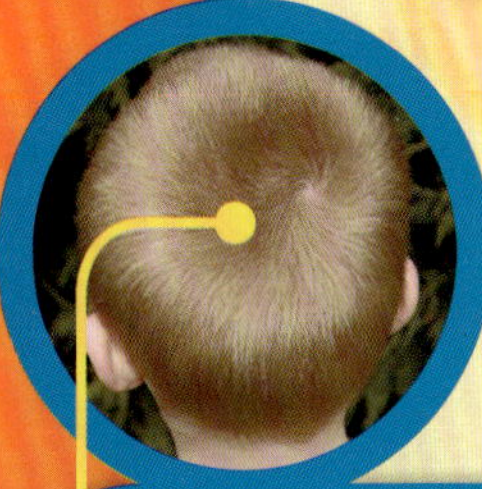

他可以卷舌头！

她不太会卷。

她也可以！

1 观察一下你的爸爸、妈妈、兄弟姐妹、叔叔、阿姨、表兄妹、祖父母……

2 观察他们的头发，谁是鬈发？谁是直发？谁的发旋是顺时针的？

3 试着将舌头卷起来。你能做到吗？

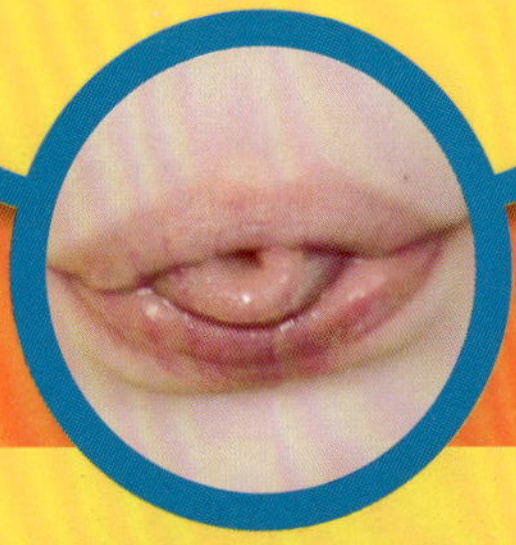

4 看看家里人的鼻子长得像不像？谁有酒窝？眼睛是什么颜色？你和家人虽然有很多相像的地方，但你始终都是独一无二的！

为什么泡澡后我们的皮肤会变皱？

人体会产生皮脂，这是一种防水的油蜡混合物。人体的面部和头皮的油脂最多，所以容易变得油油的。手掌和脚底一点儿油脂都没有，所以这些地方不太防水。你在浴缸或游泳池待上一阵子，水就会渗入这些部位，皮肤就会变得皱皱的。

你知道吗？你的皮肤会不断脱落。每个月你都会拥有一层全新的皮肤！

全身上下，皮肤最薄的部位是眼睑。

你的手上和脚上的皮肤都很厚，你觉得这是为什么呢？

?
如果皮肤不
防水，身体会变
成什么样子呢？

为什么奶奶有皱纹呢？

眼角的皱纹被称为鱼尾纹。

cóng yīng ér dào zhǎng dà chéng rén
从婴儿到长大成人，
pí fū huì suí zhe wǒ men de shēn tǐ yì qǐ
皮肤会随着我们的身体一起
chéng zhǎng hé shēn zhǎn dào le yí dìng de
成长和伸展。到了一定的
nián líng pí fū huì jiàn jiàn de shī qù tán
年龄，皮肤会渐渐地失去弹
xìng shī qù guāng zé
性，失去光泽。

xiàn zài nǐ wēi xiào shí liǎn shang chū xiàn
现在你微笑时脸上出现
de wén lù zài nǐ biàn lǎo hòu jiù huì zhǎng
的纹路，在你变老后就会长
chéng zhòu wén xiào kǒu cháng kāi zhòu wén
成皱纹。笑口常开，皱纹
cái huì zhǎng de hǎo kàn
才会长得好看。

niē yí xià nǐ shǒu bèi shang de pí fū rán
捏一下你手背上的皮肤，然
hòu fàng kāi kàn kan tā duō jiǔ néng huī fù yuán
后放开，看看它多久能恢复原
zhuàng rán hòu zhǎo dào nǐ suǒ rèn shi de zuì
状。然后找到你所认识的最
nián zhǎng de rén qīng qīng de niē nie tā
年长的人，轻轻地捏捏他
shǒu bèi shang de pí fū kàn kan huì chū
手背上的皮肤，看看会出
xiàn shén me qíng kuàng
现什么情况。

这种狗叫作沙皮狗。和人不一样的是，沙皮狗从小就有皱纹，长大后皮肤反而会渐渐变得平滑。

为什么医生要看喉咙?

yī shēng yòng tā men de gǎn guān lái bāng zhù
医生用他们的感官来帮助

rén men tā men zài pàn duàn bìng qíng shí xū yào
人们。他们在判断病情时需要

kàn tīng mō jiàn kāng de hóu lóng shì fěn
看、听、摸。健康的喉咙是粉

sè de shī rùn de rú guǒ hóu lóng chū xiàn
色的、湿润的。如果喉咙出现

hóng bān bái diǎn biǎn táo tǐ zhǒng dà huò zhě
红斑、白点、扁桃体肿大或者

xiǎo shé nà ge xuán chuí zhe de xiǎo dōng xi
小舌（那个悬垂着的小东西）

gǎn rǎn děng zhèng zhuàng yī
感染等症状，医

shēng jiù zhī dào nǐ
生就知道你

shēng bìng le
生病了。

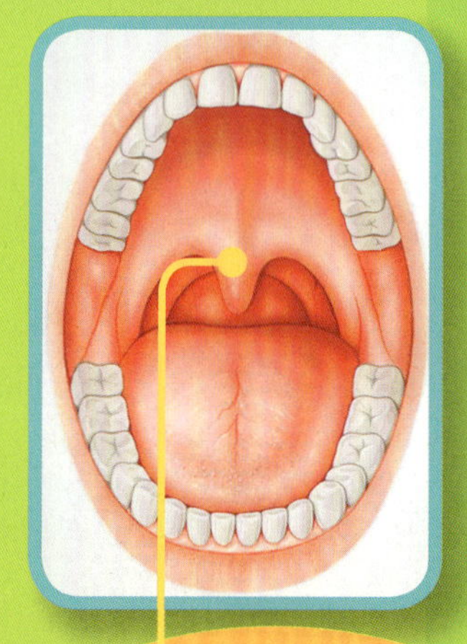

?

小舌是干什么的？有些医生认为小舌没什么用，你觉得呢？

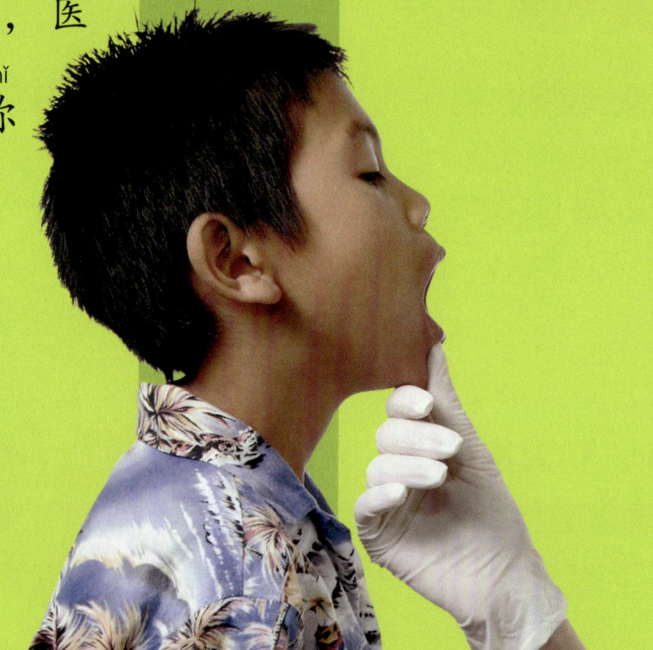

小实验：听听身体里的声音

听听身体里的声音是确保它正常运作的一种方式。

医生听到的心跳声是“啦”和“哒”，你听到的是什么呢？

需要准备的材料：

30~60 厘米长的塑料管；2 个漏斗。

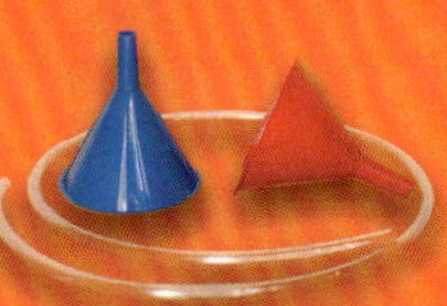

1 把漏斗套在管子的两端。如果管口太紧，可以用吹风机加热，这样就能让管口变大。

2 将一个漏斗放在耳旁，另一个放在心脏的位置，也就是你的左边胸口略高处。听听心跳的声音。

3 在原地跳 20 下之后，心跳声有变化吗？

4 试着听听胃里的声音。吃饭前和吃饭后，胃里的声音有区别吗？

为什么我们会换牙?

hái méi yǒu zhǎng yá chǐ de xiǎo bǎo bao zhǐ néng chī hú zhuàng de yīng ér shí pǐn xū
还没有长牙齿的小宝宝，只能吃糊状的婴儿食品，需
yào yá chǐ lái jǔ jué jiào jiān yìng de shí wù bǎo bao xiǎo xiǎo de zuǐ li zhǐ néng róng nà kē
要牙齿来咀嚼较坚硬的食物。宝宝小小的嘴里只能容纳20颗
rǔ yá dàn suí zhe bǎo bao bú duàn zhǎng dà huì yǒu
乳牙，但随着宝宝不断长大，会有
gèng dà de héng yá zhǎng chū lái bìng bǎ rǔ
更大的恒牙长出来，并把乳
yá tì huàn diào chéng nián rén yí gòng yǒu
牙替换掉。成年人一共有
kē yá chǐ zhè xiē yá chǐ huì
28~32颗牙齿，这些牙齿会
yǔ rén xiāng bàn dào lǎo
与人相伴到老。

世界上第一支牙刷是一根末端有点儿压烂了的树枝，用来将牙齿摩擦干净。

细菌是有生命的生物，它们无处不在。所有生物的体内都有细菌。

为什么我们一定要刷牙？

chī dōng xi de shí hou shí wù cán zhā huì yí
吃东西的时候，食物残渣会遗
liú zài nǐ de chǐ fèng jiān nǐ ài chī de shí wù
留在你的齿缝间。你爱吃的食物，
xì jūn yě ài chī rú guǒ nǐ bù shuā yá bú shù
细菌也爱吃。如果你不刷牙、不漱
kǒu xì jūn jiù huì bǎ yá chǐ chī chū dòng lái
口，细菌就会把牙齿“吃”出洞来。

鳄鱼一生能长3 000多颗牙齿。

如果你吃太多胡
萝卜，皮肤可能会
变成橘色。

shuā yá hé xǐ zǎo néng qīng jié
刷牙和洗澡能清洁
nǐ de tǐ biǎo ér chī shū cài néng bāng zhù qīng
你的体表，而吃蔬菜能帮助清
jié nǐ de tǐ nèi
洁你的体内。

为什么我们要吃蔬菜？

yǒu xiē shū cài hán yǒu shàn shí xiān wéi shàn shí xiān wéi
有些蔬菜含有膳食纤维。膳食纤维，
jiù xiàng yì bǎ shuā zi kě yǐ qīng jié rén tǐ nèi bù
就像一把刷子，可以清洁人体内部。

shū cài hái hán yǒu wéi shēng sù wéi shēng sù néng bāng zhù nǐ de shēn tǐ jiàn kāng de chéng zhǎng
蔬菜还含有维生素。维生素能帮助你的身体健康地成长。

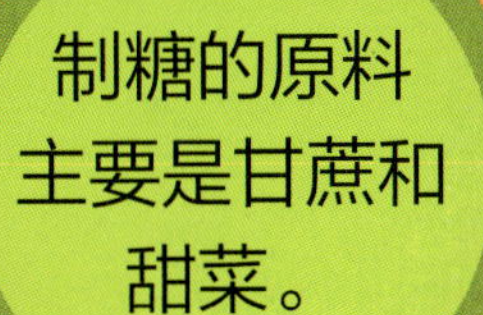

táng guǒ hěn hǎo chī
糖果很好吃。
yù dào hǎo chī de tián shí shí
遇到好吃的甜食时，
wǒ men jiù huì chī diào tā
我们就会吃掉它。

为什么我们喜欢吃糖？

hěn jiǔ hěn jiǔ yǐ qián shuǐ guǒ shì rén lèi kě yǐ chī dào de wéi yī tián shí
很久很久以前，水果是人类可以吃到的唯一甜食。
shuǐ guǒ duì rén tǐ shì yǒu yì de
水果对人体是有益的。
táng fèn néng gěi rén tǐ tí gōng néng liàng yě néng ràng shuǐ guǒ gèng hǎo chī
糖分能给人体提供能量，也能让水果更好吃。
hěn duō rén dōu xǐ huan chī tián shí
很多人都喜欢吃甜食。

甜甜的水果
大多没有毒。

为什么有些人的头发是卷曲的?

我们头上大约有10万个毛囊。

头发是从皮肤的毛囊中长出来的。毛囊形状各异，有些是圆形的，有些是椭圆形的，还有些几乎是扁平的。

如果你的头发比较粗，那是因为毛囊比较大，而不是因为毛囊比较多。

扁平的毛囊长出的头发就是卷曲的。

? 你父母的头发是卷曲的吗? 如果是的话，那你的头发很可能也是。

椭圆形的毛囊长出的头发是波浪形的。

眼睫毛也是人体的一种毛发。

你的手掌和脚掌都没有毛囊，所以不会长毛发。

圆形的毛囊长出的头发是直的。

为什么剪头发不会疼？

jiǎn tóu fa shí qí shí nǐ bú huì
剪头发时，其实你不会
jué de téng shì zhe nòng duàn zì jǐ de yì
觉得疼。试着弄断自己的一
gēn tóu fa nǐ gēn běn bù jué de téng
根头发，你根本不觉得疼，
yīn wèi tóu fa li méi yǒu shén jīng xì bāo
因为头发里没有神经细胞。

shì zhe kuài sù bá xià yì zhěng gēn
试着快速拔下一整根
tóu fa wā hǎo téng yīn wèi tóu fa
头发。哇，好疼！因为头发
gēn bù de máo náng zhōu wéi yǒu fēng fù de
根部的毛囊周围有丰富的
shén jīng xì bāo duì lā che děng cì jī fēi
神经细胞，对拉扯等刺激非
cháng mǐn gǎn suǒ yǐ bá tóu fa jiù huì jué
常敏感，所以拔头发就会觉
de téng
得疼。

头发是怎么生长的呢?

头发是从头皮底下的毛囊中长出来的。还记得你从头上拔下来的头发吗?头皮那一端的头发末梢有一个白点。

那就是发根，里面有表皮细胞。这些细胞不断分裂和分化，形成新的头发，头发也就渐渐变长了。

长着金发的人，通常头发很多；长着红发的人，头发较少。

细胞很酷。它们极其微小，肉眼几乎看不见。所有的生物都是由细胞构成的，而生物之所以能生长也是因为细胞可以再生。

中国有一位女士，拥有全世界最长的头发，长达5.5米。

为什么我们晚上要睡觉?

kē xué jiā zhì jīn réng zài yán jiū wèi shén me rén lèi xū yào shuì jiào
科学家至今仍在研究为什么人类需要睡觉。
zài jìn xíng yì xiē shí yàn shí kē xué jiā ràng yí bù fen rén bú yào shuì
在进行一些实验时，科学家让一部分人不要睡
jiào rán hòu fā xiàn zhè xiē bú shuì jiào de rén huì biàn de hú tu yì
觉，然后发现，这些不睡觉的人会变得糊涂、易
nù xīn qíng dī luò shuì jiào néng ràng shēn tǐ zì xíng tiáo zhěng ér
怒、心情低落。睡觉能让身体自行调整，而
qiě nǐ zài shuì jiào shí hái huì zhǎng gāo
且你在睡觉时还会长高。

你的大脑在睡觉时会存储记忆。

为什么我们会做梦，有时候还是噩梦？

当你睡觉的时候，大脑还在工作。你在白天所碰到、看到、尝到、听到和闻到的一切，包括你的思虑、恐惧和快乐，都在睡梦中被打乱。你的大脑会将这些被打乱的信息重组成新的画面，如同电影一般。做梦就像看电影，有时还会出现恐怖的情节。

为什么不对劲？

了解我们人体的一些奇妙特征后，你能看出图中有哪些地方不对劲吗？为什么呢？

为什么水会
结冰?
为什么气球能
在空中飘?

为什么
飞机会飞？
2
有趣的
现象
为什么
肥皂水
有泡泡？

为什么水会结冰？

shuǐ huì biàn chéng bīng shì yīn wèi wēn dù
水会变成冰是因为温度
jiàng dī lěng kōng qì jiāng rè liàng cóng shuǐ zhōng
降低，冷空气将热量从水中
chōu lí zhǐ yǒu dāng wēn dù dī zhì shè
抽离。只有当温度低至0摄
shì dù shí shuǐ cái huì kāi shǐ jié bīng
氏度时，水才会开始结冰。

冰比液态水轻，所以冰块会浮在水面上。

所有的生物都需要水，我们的地球也需要。水资源是有限的，我们要节约用水，还要保护水资源不被污染。

之前

之后

为什么爆米花会爆开？

měi yì gēn yù mǐ bàng zhōng dōu hán yǒu yù mǐ de zhǒng zi yù mǐ lì
每一根玉米棒中都含有玉米的种子——玉米粒。

yù mǐ lì de wài pí shì bú tòu shuǐ de yǐ bǎo cún zhǒng zi lǐ de shuǐ fèn
玉米粒的外皮是不透水的，以保存种子里的水分。

yù mǐ lì shòu rè hòu lǐ miàn de shuǐ fèn huì biàn chéng zhēng qì zhēng qì zài yù mǐ lì nèi bù
玉米粒受热后，里面的水分会变成蒸气。蒸气在玉米粒内部

chǎn shēng yā lì dǎo zhì yù mǐ lì bào zhà bào zhà suǒ chǎn shēng de wēi lì zú yǐ bǎ yù mǐ
产生压力，导致玉米粒爆炸。爆炸所产生的威力足以把玉米

lì quán bù zhà kāi yù mǐ lì jiù chéng le bào mǐ huā
粒全部炸开，玉米粒就成了爆米花。

甜甜圈中间有洞，这样更容易炸熟。而且，这样的造型很有趣。面包师希望大家吃甜甜圈的时候，不仅吃饱，而且吃得开心。

瑞士奶酪上面的洞是细菌造成的。

我们吃的菠萝环中间也有洞，那是因为中间坚硬的部分被加工者挖掉了。

厨房中有无数的科学现象。无论是煎、炒、煮、炸，还是加热、冷却，都会让食物发生变化，科学知识也蕴含其中。

小实验：奶油变变变

奶油的主要成分是乳脂和水。如果用力摇晃装着奶油的瓶子，乳脂和水就会分离。

需要准备的材料：

一个瓶子和一盒常温下的重奶油。

1 将重奶油倒入瓶子中。

2 用力摇晃瓶子，直到实在摇不动了为止，然后把瓶子传递给你的朋友。

3 继续摇晃瓶子 10 分钟，重奶油就会从液体变成固体。

4 将其从瓶子里取出，分成两半，一半加一点儿盐，另一半加一些蜂蜜。尝一尝吧！

为什么我们需要厕所？

所有要吃东西的生物都会排便。人类发明了厕所，这样就不用去户外排便了。厕所是怎么工作的呢？当你冲水时，大量的水流进马桶，把排泄物冲进下水管，然后地心引力会把排泄物从你的家里彻底带走。

什么是地心引力？

地心引力会将所有的东西都往地心方向拉，包括你的脚！如果没有地心引力，地球上就不会有生物、空气和水，因为一切都会飞向太空。地心引力是在地球内部生成的，它能让世界正常运行。

吃甜菜可能会让你的粪便变成红色。

有些科学家专门研究恐龙的粪便化石！

固体排泄物成了无数细菌的大餐。

肥皂泡是包裹着空气的一层肥皂薄膜。当空气碰到肥皂水时，肥皂水会在空气周围粘连起来，直到空气被完全挤压出去，就形成了一个个泡泡。

为什么肥皂水有泡泡？

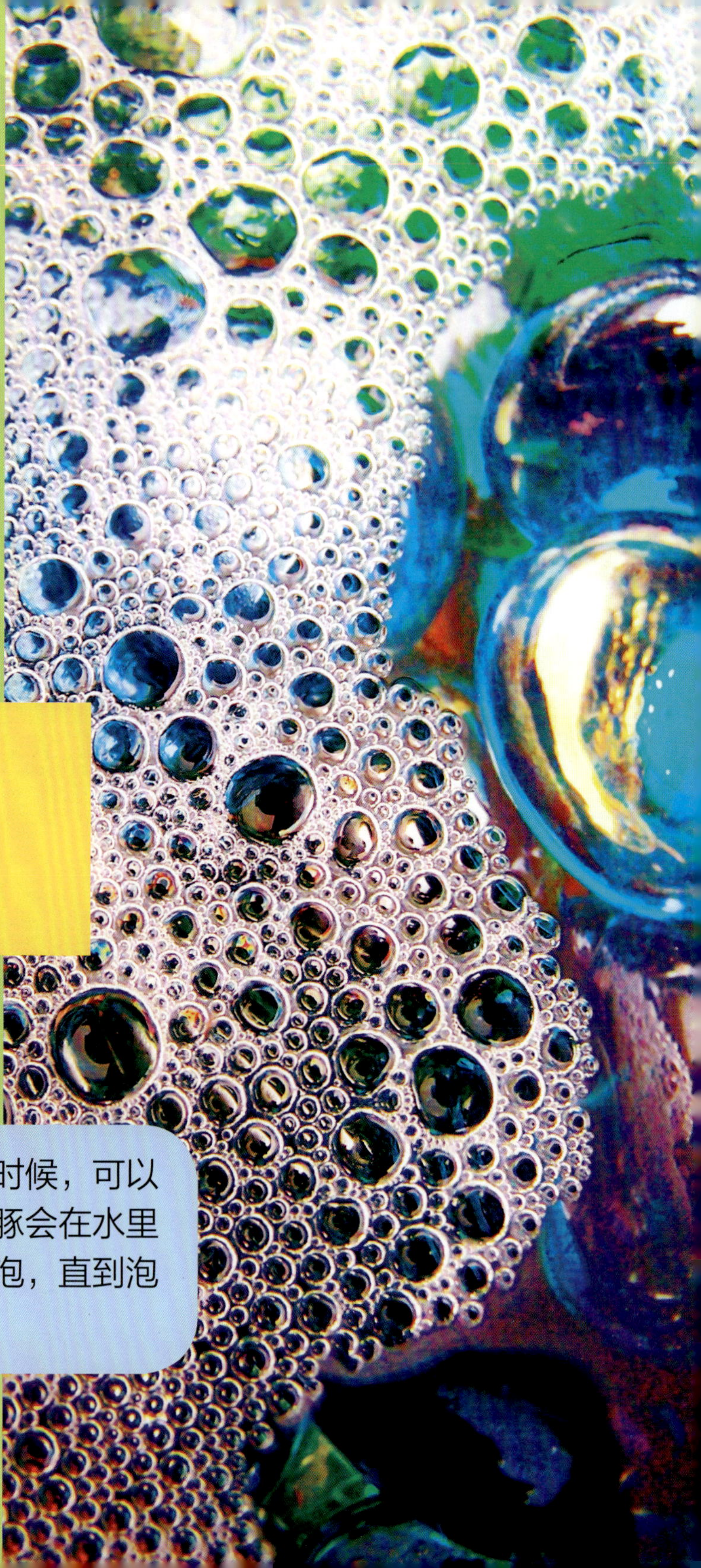

下次去海洋馆的时候，可以去观察一下海豚。海豚会在水里吹泡泡，还喜欢玩泡泡，直到泡泡破裂。

小实验：吹泡泡

做一些肥皂水，然后来吹泡泡吧。

需要准备的材料：

2/3 杯洗洁精

3 汤匙甘油

4 升水

1 将准备的所有材料混在一起，静置一晚上。

2 将手放进肥皂水里。

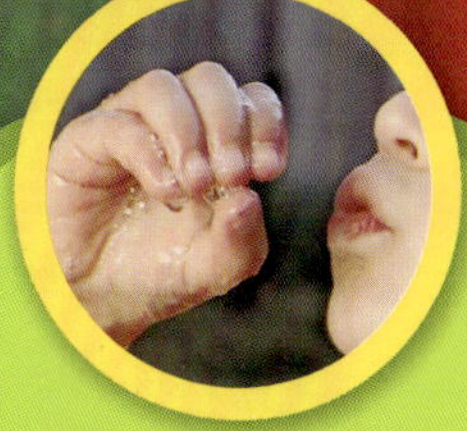

3 弯曲手指，使其成为“O”形，然后对着中央吹气。

4 泡泡希望自己是圆形的，你能帮它们塑形吗？你能吹出其他形状的泡泡吗？

为什么电视里的人会动？

电视的工作原理跟眼睛能看东西一样。首先，摄像机以大约每秒30帧影像的速度拍摄。每帧影像都被转换成由色彩和亮点组成的电子信号，被发送到电波发射器上。电波发射器通过空气或电缆将电子信号传送给太空中的人造卫星。电视机接收到这些电子信号，会把它们还原成影像。在电视屏幕上，影像不断快速变换，一帧接一帧，你的眼睛会把这些影像连在一起。所以，你觉得电视里的人会动。

电子电视的发明者费罗·法恩斯沃斯不允许自己的孩子看电视。他认为，电视里没有什么值得观看的节目。

你喜欢看电视吗？

为什么气球能在空中飘？

世界上第一个热气球升空时，搭载的是一只鸭子、一只山羊和一只公鸡。当时人们无法确定热气球飘到空中是否有足够的热空气，就先用动物做实验。

飘浮着的气球里充满了氦气。氦气比空气轻，地心引力对它的拉力也较小，所以气球能在空中飘。如果你把一个充满氦气的气球放开，它会飞到6400多米的高空中才爆炸。

试一试。

往玻璃杯里倒些水，然后倒入一些食用油。因为油比水轻，所以它会浮在水面上。

热气球里装满了用丙烷加热过的空气。热空气比冷空气轻，当内热外冷时，热气球就飘起来了。

为什么摩天大楼那么高？

dà yuē zài nián qián yǒu xiē chéng shì jiù
大约在 130 年前，有些城市就
yǐ jīng zhǎo bú dào kě yǐ jiàn fáng zi de kòng dì le méi
已经找不到可以建房子的空地了。没
dì fang jiàn dà fáng zi jiù zhǐ hǎo jiàn gāo fáng zi hòu
地方建大房子，就只好建高房子。后
lái rén men fā míng le kuài sù ér ān quán de diàn tī
来，人们发明了快速而安全的电梯，
yú shì lóu fáng yuè jiàn yuè gāo zhè xiē gāo sǒng de jiàn
于是楼房越建越高。这些高耸的建
zhù bèi chēng wéi mó tiān dà lóu
筑，被称为摩天大楼。

目前，世界上最高的摩天大楼是位于阿联酋迪拜的哈利法塔。它高达828米，足足有162层。

菲利普 · 帕特是一位在高空走钢丝的专家。1974 年，他在美国纽约市世贸中心的双子塔之间表演高空走钢丝，钢丝的高度是 417 米。

为什么电梯可以上下移动？

diàn tī kě yǐ zài zhe rén huò wù
电梯可以载着人或物
zài gāo lóu zhōng zì yóu shàng xià
在高楼中自由上下。

diàn tī de jiào xiāng jiù xiàng yí gè
电梯的轿厢就像一个
dǐng duān shuān zhe shéng zi de xiāng zi
顶端拴着绳子的箱子，
shéng zi xiàng shàng rào guò huá lún lìng
绳子向上绕过滑轮，另
yì duān hé zhòng wù xiāng lián zhè ge
一端和重物相连，这个
zhòng wù néng qǐ dào píng héng diàn tī de
重物能起到平衡电梯的
zuò yòng shéng zi bì xū cháng duǎn hé
作用。绳子必须长短合
shì cái néng zài zhòng wù xià luò shí
适，才能在重物下落时，
jiāng jiào xiāng xiàng shàng lā zhè jiù shì
将轿厢向上拉。这就是
diàn tī shàng shàng xià xià de yuán lǐ
电梯上上下下的原理。

有趣的现象

被绳子缠绕旋转的轮子叫滑轮。几千年前，人们就发明了这种省力的装置。

zhēn zhèng de diàn tī yòng de
真正的电梯用的
bú shì pǔ tōng de shéng zi ér
不是普通的绳子，而
shì jiān gù de gāng lǎn yóu mǎ
是坚固的钢缆。由马
dá lái lā dòng gāng lǎn shǐ diàn
达来拉动钢缆，使电
tī jiào xiāng shēng gāo huò jiàng dī
梯轿箱升高或降低。
cǐ wài diàn tī hái jiā zhuāng le
此外，电梯还加装了
xǔ duō diàn zǐ zhuāng zhì yǐ què
许多电子装置，以确
bǎo chéng zuò zhě de ān quán
保乘坐者的安全。

电梯只能上下移动，不能左右移动。假如可以左右移动的话，一定很好玩！

为什么电动扶梯的阶梯不见了？

圆圈原理的应用

推土机

自行车

摩天轮

diàn dòng fú tī de jiē tī bìng
电动扶梯的阶梯并
méi yǒu bú jiàn suǒ yǒu de jiē tī bèi
没有不见。所有的阶梯被
chuàn chéng le yí gè huán xíng
串成了一个环形
dài dāng nǐ cǎi de
带。当你踩的
nà yì céng jiē tī dào
那一层阶梯到
dá dǐng duān hòu jiù
达顶端后，就
huì huá dào tiě bǎn xià
会滑到铁板下
fāng huàn gè fāng xiàng xià yí dào dǐ
方，换个方向下移到底
duān diàn dòng fú tī de huán xíng dài shì
端。电动扶梯的环形带是
xún huán zhuàn dòng de
循环转动的。

？上面这些物体有什么相同之处？又有什么不同？

?
你觉得猴子会喜欢玩攀爬架吗?
早期的操场上有沙坑、跷跷板、秋千和滑梯。

攀爬架又叫
猴子架。

为什么我们喜欢玩攀爬架？

fā míng zhè zhǒng pān pá jià de rén jué de yào shi
发明这种攀爬架的人觉得，要是
néng ràng hái zi men xiàng sēn lín zhōng de hóu zi men yí yàng zì
能让孩子们像森林中的猴子们一样自
yóu de wán shuǎ nà gāi duō hǎo ya hóu zi men xǐ huan diào
由地玩耍，那该多好呀！猴子们喜欢吊
zài shù zhī shang dàng lái dàng qù hái xǐ huan shùn zhe shù gàn
在树枝上荡来荡去，还喜欢顺着树干
pá shàng pá xià wǒ men qí shí yě xǐ huan zhè yàng
爬上爬下，我们其实也喜欢这样。

?
你在操场上最
喜欢玩什么?

为什么溜冰场有磨冰机？

瞧，那是一台磨冰机！来看看这台机器是怎样清理溜冰场的冰面的吧。首先，它会刮掉表面的一层冰，并铲掉刮下的碎冰。接着，喷洒温水冲洗污垢，再用刮刀将脏水刮到吸尘器中。最后一个步骤是喷热水，热水会融化最上层的冰。很快，水就会快速结冰，形成一层光滑的新冰面。磨冰机完成上述所有步骤，只需 15 分钟！

滑冰运动员和冰球运动员都希望冰面像玻璃一样光滑。滑冰并不是一项简单的运动。要在被人踩踏后有刮痕和裂缝的冰面上滑行，是比较困难的。

有趣的现象

考古学家发现，最早的溜冰鞋是公元前3 000年左右制成的，原材料主要是动物的骨头。

英国有一个
叫作玛丽·安宁的
女孩，她第一次发现
恐龙化石的时候
只有12岁。
1995年，
一个名叫韦斯的
14岁男孩发现了一块
长得像鸟的恐龙化石。
他以迪士尼卡通形象小鹿
斑比为这只恐龙命名，将它
称作“斑比盗龙”。斑比
盗龙只有76厘米长。

为什么现在仍然能发现恐龙骨头？

恐龙在很早之前就灭绝了，但至今人们仍然能发现它们的骨头。只不过，这些骨头早已变成了化石。那么，骨头是怎么变成化石的呢？首先，死掉的恐龙得被埋在沙子或泥土中，这样它们的骨头才有可能保存下来。然后，经过很长很长的时间，土地变成了岩石，而埋在土里的骨头也就变成了化石。一般来说，地层中的化石是可以保存很长时间的。

蜻蜓

水母

鲎

鲎、水母和蜻蜓在恐龙生活的年代就存在了。

为什么我们能在镜子中看到自己？

在任何光滑、反光的物体表面，你都可以看到自己的样子。大多数镜子都是由光滑的玻璃做成的。玻璃的另一面涂了一层闪亮的金属。光滑的镜面可以被光穿透，再由背面的金属反射回来。镜子中显现的是你自己脸上的反光。镜子在黑暗中就没什么用了。

黑猩猩、猴子、海豚和大象都能在镜子中认出自己，但猫和狗认不出。

为什么有些人要戴眼镜？

měi gè rén de yǎn jing dōu bù yí yàng guāng xiàn dào dá
每个人的眼睛都不一样。光线到达
yǎn qiú zuì shēn chù wǒ men cái néng kàn qīng chu zhōu wéi de shì
眼球最深处，我们才能看清楚周围的事
wù yǒu xiē rén yào dài shàng yǎn jìng cái néng kàn qīng chu kě
物。有些人要戴上眼镜才能看清楚，可
néng shì tā de tóng kǒng xíng zhuàng bú duì wú fǎ tiáo jié guāng
能是他的瞳孔形状不对，无法调节光
xiàn yǎn jìng de jìng piàn jiù kě yǐ bāng zhù tā
线，眼镜的镜片就可以帮助他。

有趣的现象

瞳孔是眼睛接收光线的地方。猫的瞳孔是竖长的；羊的瞳孔是长方形的。

？你有没有戴过别人的眼镜？

为什么飞机会飞？

fēi jī yǒu qiáng jìng de yǐn qíng zhè shì tā néng fēi qǐ lái de yuán
飞机有强劲的引擎，这是它能飞起来的原
yīn zhī yī ér kōng qì tí gōng le zuì zhòng yào de shēng lì rú guǒ
因之一，而空气提供了最重要的升力。如果
nǐ xiàng kōng zhōng rēng yì zhāng zhǐ zhǐ bú huì fēi duō yuǎn dàn bǎ nà
你向空中扔一张纸，纸不会飞多远，但把那
zhāng zhǐ zhé chéng zhǐ fēi jī tā jiù néng huá xiáng yí duàn jù lí qì
张纸折成纸飞机，它就能滑翔一段距离。气
liú chuī zài zhǐ fēi jī de jī yì shang jī yì xià fāng de qì liú chǎn shēng
流吹在纸飞机的机翼上，机翼下方的气流产生
de shēng lì bǐ jī yì shàng fāng de yā lì dà xià cì zuò chē shí nǐ
的升力比机翼上方的压力大。下次坐车时，你
kě yǐ zuò zhè yàng yí gè shí yàn zài què bǎo ān quán de qián tí xià
可以做这样一个实验：在确保安全的前提下，
jiāng shǒu shēn chū chē chuāng wài rú guǒ qīng xié de jiǎo dù hé shì nǐ
将手伸出车窗外，如果倾斜的角度合适，你
de shǒu huì yǒu yì zhǒng xiàng shàng piāo de
的手会有一种向上飘的
gǎn jué fēi jī de jī yì jiù shì zhè
感觉。飞机的机翼就是这
yàng tā de qīng xié jiǎo dù gāng hǎo shì
样，它的倾斜角度刚好适
hé fēi xíng
合飞行。

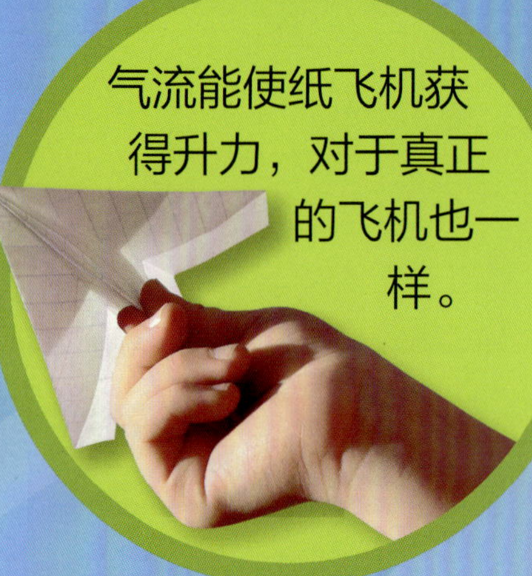
气流能使纸飞机获得升力，对于真正的飞机也一样。

？你折的纸飞机能飞多远？

喷气式客机
波音747重453
吨，可以运载
400人。

为什么船能漂浮在水面上？

船能漂浮在水面上，是因为当船推开水时，水会产生同样的力量去推动船。船的形状使得水有足够的力量让船浮在水面上。下次你去游泳时，观察一下自己的身体，你会发现：如果平躺在水面上，很容易浮起来；如果抱住膝盖，蜷缩成一团，则很容易沉下去。

小实验：漂浮的小船

平坦的船底让水有更大的反推力。试着用不同形状的船做一做实验吧。

需要准备的材料：

一碗水

橡皮泥

1 用橡皮泥做一艘平底船。

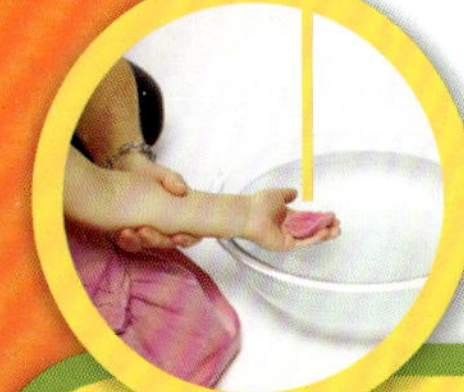

2 把你做的船放在水面上。它能浮在水面吗？

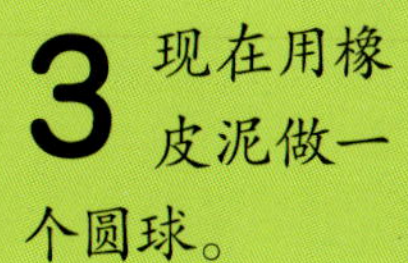

3 现在用橡皮泥做一个圆球。

4 球是沉下去了，还是浮在水面？再试试其他形状吧。

为什么不对劲？

了解许多东西的运行原理后，你能看出这幅图中有哪些地方不对劲吗？

为什么下雨天会
出现蚯蚓?
为什么狗是
人类的
好朋友?

3
神奇的
动物
为什么鸟类的
喙是硬的?
为什么猫会
捕猎?

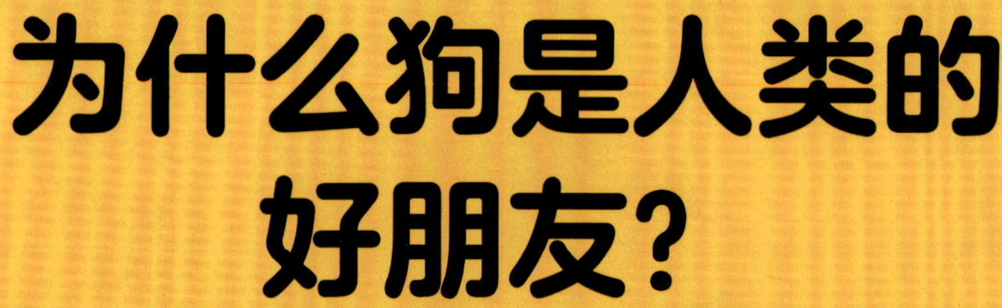

为什么狗是人类的好朋友？

狗对人的情绪波动非常敏感，能分辨我们是伤心还是快乐。跟其他动物不太一样，狗似乎更愿意逗人开心。

狗是很好的宠物。抚摩宠物能激发你的触觉，和触摸别的柔软的东西不一样。

几千年来，狗都是人类的好帮手。它们是最早接受人类照顾和训练的动物之一。我们常说，“狗是人类最好的朋友”。

狗给人类提供了许多帮助和保护。

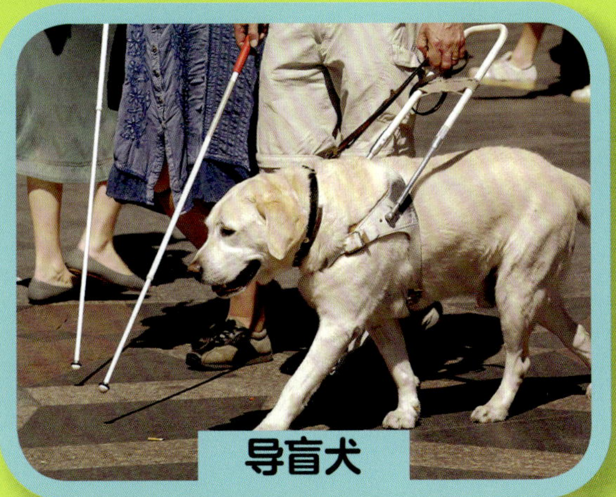

导盲犬

警犬

治疗犬

搜救犬

为什么猫会捕猎？

hěn jiǔ yǐ qián suǒ yǒu de māo dōu shì
很久以前，所有的猫都是
yě shēng dòng wù rén men kāi shǐ bǎ māo dàng
野生动物。人们开始把猫当
zuò chǒng wù shì kàn zhòng le māo chū zhòng de
作宠物，是看中了猫出众的
shòu liè jì néng māo shì néng jiāng lǎo shǔ
狩猎技能——猫是能将老鼠
gǎn chū zhù fáng hé gǔ cāng de zuì jiā liè shǒu
赶出住房和谷仓的最佳猎手。
yú shì rén men kāi shǐ shōu liú zhè xiē yě
于是，人们开始收留这些野
māo bìng qiě zhào gù tā men rú jīn suǒ
猫，并且照顾它们。如今，所
yǒu de māo kē dòng wù yī rán bǎo liú le qiáng dà
有的猫科动物依然保留了强大
de bǔ liè běn néng
的捕猎本能。

猫是世界上最受欢迎的宠物之一。

俗话说，“猫有九条命”。你觉得人们为什么会这么说呢？

为什么猫会发出咕噜声？

māo huì fā chū gū lū gū lū de shēng yīn yǒu xiē rén rèn wéi māo fā chū
猫会发出咕噜咕噜的声音。有些人认为，猫发出
zhè zhǒng shēng yīn shì yì zhǒng zì wǒ liáo yù de fāng shì fā chū gū lū shēng shí
这种声音是一种自我疗愈的方式。发出咕噜声时，
māo de tǐ nèi huì lóng lóng zuò xiǎng zhè yàng néng bāng zhù tā de gǔ gé shēng zhǎng hé
猫的体内会隆隆作响，这样能帮助它的骨骼生长和
liáo yù dàn kē xué jiā hái méi zhèng shí zhè zhǒng shuō fǎ
疗愈，但科学家还没证实这种说法。

māo mā ma zài shēng chǎn shí yě huì fā chū gū lū shēng gāng chū shēng de xiǎo
猫妈妈在生产时也会发出咕噜声。刚出生的小
māo tīng bú jiàn yě kàn bú jiàn dàn néng gǎn zhī dào mā ma fā chū gū lū shēng shí
猫听不见，也看不见，但能感知到妈妈发出咕噜声时
shēn tǐ de zhèn dòng yīn cǐ néng zhǔn què de zhǎo dào mā ma
身体的震动，因此能准确地找到妈妈。

为什么下雨天会出现蚯蚓？

蚯蚓生活在地下，那里又潮又黑。一场大雨会让蚯蚓们纷纷出现在地面。也许是因为大雨淹没了它们的家，不过，科学家至今也不能确定。

我们可以确定的是，蚯蚓如果在停车场或人行道上爬行的话，会很危险。如果想帮它们，你可以将手弄湿，然后小心地把它们捡起来，转移到附近湿润的泥土上。

蚯蚓在地下如何呼吸？

蚯蚓通过皮肤进行呼吸。

冰虫生活在坚固的冰块中，如果天气太热，它们就会融化。

世界上最大的蚯蚓之一是澳大利亚的吉普斯兰大蚯蚓，长达1米多。

rén yòng zuǐ ba chī dōng xi
人用嘴巴吃东西，

niǎo yòng huì chī dōng xi xiǎng
鸟用喙吃东西。想

zhī dào niǎo píng shí chī shén me
知道鸟平时吃什么

ma kàn kan tā men huì de
吗？看看它们喙的

xíng zhuàng jiù zhī dào le
形状就知道了。

秃鹫是食肉的鸟类，但它们喜欢吃已经死掉的动物的肉。它们的喙不像其他食肉的鸟类那样坚硬，因为它们不需要捕猎。它们的头上几乎没有羽毛，吃东西时，不用担心沾上脏东西。

鹈鹕是会捞鱼的“渔夫”。它们喙的下半部分是一个袋子。用喙舀起来的水被排出去以后，鱼就留在袋子里面了。

为什么鸟类的喙是硬的？

苍鹭是会叉鱼的“渔夫”。它们用自己长长的喙叉水里的鱼来吃。

啄木鸟喜欢吃昆虫。它们的喙又尖又硬，可以在树上戳洞，让藏在里面的虫子无所遁形。

老鹰是食肉的鸟类。它们钩状的喙坚硬而锋利，能轻易将猎物撕开。

红衣主教雀喜欢吃种子。它们粗壮的三角形喙很像核桃钳。

蜂鸟喜欢吃花蜜。它们的喙又长又细，像吸管一样。剑嘴蜂鸟的喙比身体还长。

为什么鱼不能在空气中呼吸？

所有的动物都需要氧气才能存活。陆地上的动物用肺吸入空气中的氧气。鱼用鳃吸入水中的氧气。鱼鳃必须在水中才能工作。鳃是一种羽毛状的、有褶边的、柔软的器官，像手指一样在水中挥舞。如果离开水，鳃无法漂浮，便会粘连在一起，鱼也就无法获取氧气了。

水母没有鳃。它们通过皮肤获取氧气。

墨西哥蝾螈的鳃在身体外面，很像长着羽毛的耳朵。

　　鲶鱼长着特殊的鳃，既可以在水中呼吸，又可以在陆地上呼吸。

为什么有些动物身上有条纹？

老虎是独自狩猎的肉食动物。老虎利用身上的条纹能够轻松地将自己隐藏起来，从而偷偷地靠近猎物。它们喜欢隐藏在草丛中，因为草丛能模糊它们的轮廓，使它们与草丛融为一体。

老虎的皮肤和身上的皮毛都有条纹。

斑马身上有着黑白相间的条纹。

bān mǎ shì qún jū dòng
斑马是群居动

wù yí gè qún tǐ zhōng kě
物。一个群体中可

néng huì yǒu shàng qiān pǐ bān
能会有上千匹斑

mǎ tiáo wén ràng zhěng qún bān
马。条纹让整群斑

mǎ de shēn yǐng dōu hùn zài yì
马的身影都混在一

qǐ bú yì qū fēn bǔ shí
起，不易区分。捕食

zhě hěn róng yì yǎn huā liáo luàn
者很容易眼花缭乱，

bù zhī dào gāi zhuī nǎ yì pǐ
不知道该追哪一匹。

斑马的条纹跟人类的指纹一样，都是独一无二的。

火烈鸟宝宝是灰色的。当它们开始吃藻类植物时，身体就会逐渐变成粉色。有些火烈鸟不吃藻类，它们就是白色的。

为什么火烈鸟是粉色的？

？ 哪些食物含有丰富的虾青素？

huǒ liè niǎo shēn shang de piào liang yán sè shì cóng tā men suǒ shí yòng de xiǎo yú xiǎo xiā zǎo lèi zhōng huò dé de zài dì qiú shang zǎo lèi suí chù kě jiàn huǒ liè niǎo ài chī de zǎo lèi hán yǒu xiā qīng sù xiā qīng sù huì ràng tā men de máo fà chéng xiàn fěn sè

火烈鸟身上的漂亮颜色是从它们所食用的小鱼、小虾、藻类中获得的。在地球上，藻类随处可见。火烈鸟爱吃的藻类含有虾青素，虾青素会让它们的毛发呈现粉色。

神奇的动物

动物的颜色千奇百怪。有些动物身上同时有很多种颜色，而有些动物会随着光线的变化而变换颜色。

海蛞蝓

刺蛾幼虫

箭青蛙

红锯蛱蝶

鸳鸯

游蛇

为什么有些动物那么大?

蓝鲸唯一的敌人是人类。它们现在是濒危物种。

这种小小的蠕虫专门在海底吃鲸的骨头。它们要是发现一头鲸的整个骨架，就会觉得自己拥有了全世界。

蓝鲸的声音非常低沉，在水下可以传到数千千米以外。

蓝鲸是地球上最大的哺乳动物，一年能游上好几千千米。

牙买加有一种小螃蟹，它们的一生都在树蕨中的小水坑里度过。

zài zhè ge qí miào de xīng qiú shang dào
在这个奇妙的星球上，到
chù dōu yǒu shēng wù cún zài zhè xiē shēng wù
处都有生物存在。这些生物
de dà xiǎo xíng zhuàng yán sè gè yì
的大小、形状、颜色各异，
chōng chì zài dì qiú de měi gè jiǎo luò hé fèng
充斥在地球的每个角落和缝
xì zhōng qù hù wài kàn kan nǐ rèn shi
隙中。去户外看看，你认识
duō shao zhǒng shēng wù
多少种生物。

为什么有些动物那么小？

蜱虫

跳蚤

为什么有些虫子会咬人？

黄蜂

quán shì jiè yǒu shù bǎi wàn zhǒng chóng zi zhǐ yǒu shǎo shù chóng zi
全世界有数百万种虫子，只有少数虫子
huì yǎo rén bǐ rú wén zi tiào zao chòu chong hé pí chóng děng tā
会咬人，比如蚊子、跳蚤、臭虫和蜱虫等。它
men yǎo rén bìng bú shì gù yì yào ràng nǐ bù shū fu ér shì yào kào xī xuè
们咬人并不是故意要让你不舒服，而是要靠吸血
lái wéi chí shēng mìng rú guǒ nǐ kào de tài jìn yǒu xiē zhī zhū hú
来维持生命。如果你靠得太近，有些蜘蛛、胡
fēng mì fēng hé mǎ yǐ jiù huì yǎo nǐ huò zhē nǐ yīn wèi tā men jué de
蜂、蜜蜂和蚂蚁就会咬你或蜇你，因为它们觉得
shòu dào le wēi xié huò gǎn dào le hài pà
受到了威胁或感到了害怕。

蚊子

为什么蜘蛛不会被自己的网粘住？

蜘蛛通过织网来捕捉食物。蜘蛛用黏稠的蛛丝织出结实的网，小虫子飞进来或掉进来以后就无法脱身。不过，蜘蛛网上有几条丝是没有黏性的，蜘蛛就沿着这些丝在网上活动。

如果没有蜘蛛，这个世界会出现许多虫子。

不爱走路的树懒手臂很强壮，能让自己在树与树之间移动。

shù lǎn shì dì qiú shang xíng
树懒是地球上行
dòng zuì màn de bǔ rǔ dòng wù
动最慢的哺乳动物。
tā men yòng jiān jiān de zhuǎ zi bǎ zì
它们用尖尖的爪子把自
jǐ dào guà zài shù zhī shang xǐ huan chī shù shang de yè zi tā
己倒挂在树枝上，喜欢吃树上的叶子；它
men de pí máo li zhǎng zhe lǜ sè de zǎo lèi cáng zài shù shang bù
们的皮毛里长着绿色的藻类，藏在树上不
róng yì bèi fā xiàn jí shǐ shì xíng dòng sù dù bǐ tā men kuài hěn
容易被发现。即使是行动速度比它们快很
duō de dòng wù yě bù róng yì shāng hài dào tā men
多的动物，也不容易伤害到它们。

仙女水母必须依靠触手吸收阳光才能存活。

为什么有些动物倒挂着?

蝙蝠白天睡觉，晚上才外出觅食。蝙蝠喜欢用钩状的爪子倒挂在洞穴顶部，那里是它们睡觉最安全的地方。蝙蝠晚上才出来活动，这样可以避开许多白天出没的捕食者。

大多数蝙蝠都不会行走。蝙蝠必须先从倒挂着的地方落下来后，才能开始飞行。

这些小负鼠在等妈妈。

为什么猫头鹰会呕吐？

māo tóu yīng zǒng shì yì kǒu tūn
猫头鹰总是一口吞
xià lǎo shǔ huò qí tā xiǎo dòng wù bù
下老鼠或其他小动物。不
néng xiāo huà de gǔ tou máo fà hé yǔ
能消化的骨头、毛发和羽
máo huì zài wèi li jié chéng yí gè
毛，会在胃里结成一个
qiú suí hòu huì bèi māo tóu yīng tù chū
球，随后会被猫头鹰吐出
lái kē xué jiā bǎ zhè ge qiú chēng wéi
来。科学家把这个球称为
shí jiǎn
食茧。

科学家可以通过猫头鹰的食茧，了解它们吃了哪些食物。

有些猫头鹰能听到800米开外的小老鼠的叫声。

红头美洲鹫

想将别人赶走的时候，红头美洲鹫会呕吐。对人类来说，红头美洲鹫的呕吐物真的很恶心。可对郊狼来说，这些呕吐物简直就像糖果！

郊狼

郊狼总是在红头美洲鹫附近徘徊，并且不时地骚扰它们，就是为了让它们把食物吐出来。

马、兔子和老鼠都不会把胃里的东西吐出来。

为什么蛇会蜕皮？

suí zhe nián líng de zēng zhǎng shé de shēn
随着年龄的增长，蛇的身
tǐ huì zhǎng dà dàn tā men de pí fū bú huì
体会长大，但它们的皮肤不会
suí zhī zēng zhǎng shé pí zài biàn de tài jǐn shí
随之增长。蛇皮在变得太紧时，
jiù huì liè kāi rán hòu tuō luò yǒu shí hou
就会裂开，然后脱落。有时候，
shé yào zài shí tou huò mù tou shang mó cā cái
蛇要在石头或木头上摩擦，才
néng jiāng jiù pí nòng diào yǒu shí hou shé tuì
能将旧皮弄掉。有时候，蛇蜕
xià de pí fēi cháng wán zhěng
下的皮非常完整。

如果有别的小伙伴在场，松鼠会先假装将坚果埋起来，等到没人注意的时候，再将坚果转移到别的地方埋起来。

红橡树的橡子可以保存一年，所以松鼠会原封不动地把它们埋起来。白橡树的橡子容易发芽、变质，松鼠会在埋它们之前把芽尖咬掉。松鼠可以分辨这两种不同的橡子。

为什么松鼠要把橡子埋起来？

许多动物都需要为过冬做准备，因为冬天不容易找到食物。松鼠很喜欢吃橡子，那是一种健康食品，外面有一层壳，很适合储存。松鼠整个夏天都在尽力搜集橡子，并且把它们藏起来。松鼠通常把橡子藏在树叶底下或者中空的树洞里，而且不会忘记埋藏地点。

喜欢给动物喂食的人都知道，松鼠是非常聪明的动物。

？你观察过松鼠吗？它们玩耍的时间几乎和工作的时间一样多。

为什么奶牛会产奶?

nǎi niú shì bǔ rǔ dòng wù tā men huì chǎn nǎi lái bǔ yù zì jǐ de hái zi
奶牛是哺乳动物，它们会产奶来哺育自己的孩子。
bù tóng de niú chǎn chū de nǎi yě bù tóng yǒu xiē niú nǎi huì gèng nóng chóu yǒu xiē
不同的牛产出的奶也不同。有些牛奶会更浓稠，有些
kě néng huì yǒu bù tóng de yán sè
可能会有不同的颜色。

fēng mì shì mì fēng chǔ cún zài fēng cháo zhōng yòng lái guò dōng
蜂蜜是蜜蜂储存在蜂巢中用来过冬
de shí wù xià tiān mì fēng cóng huā duǒ zhōng xī qǔ huā
的食物。夏天，蜜蜂从花朵中吸取花
mì hé huā fěn tā men zài huā cóng zhōng fēi lái fēi qù
蜜和花粉，它们在花丛中飞来飞去，
jiāng huā mì shōu jí dào zì jǐ de wèi li huí dào fēng
将花蜜收集到自己的胃里。回到蜂
cháo hòu mì fēng huì bǎ wèi li de huā mì tù chū lái
巢后，蜜蜂会把胃里的花蜜吐出来，
fàng jìn yòng mì là jiàn chéng de yí gè gè fēng cháo li huā mì
放进用蜜蜡建成的一个个蜂巢里。花蜜
zhú jiàn biàn de nóng chóu jiù chéng le fēng mì mì fēng jiù kě yǐ ān
逐渐变得浓稠，就成了蜂蜜。蜜蜂就可以安
xīn de guò dōng le
心地过冬了。

为什么蜜蜂要制造蜂蜜?

蜜蜂是唯一能制造食物给人吃的昆虫。

为什么我们没法跟动物交谈？

wǒ men zhī suǒ yǐ méi fǎ gēn dòng wù jiāo tán shì yīn wèi wǒ men bù dǒng tā men de yǔ
我们之所以没法跟动物交谈，是因为我们不懂它们的语
yán wǒ men zhī dào dòng wù zhī jiān yě huì jiāo liú dàn shì tā men shǐ yòng de yǔ yán gēn wǒ men
言。我们知道动物之间也会交流，但是它们使用的语言跟我们
de bù tóng tā men huì yòng shēng yīn qì wèi hé zhī tǐ yǔ yán jìn xíng jiāo liú mì fēng tōng
的不同。它们会用声音、气味和肢体语言进行交流。蜜蜂通
guò wǔ dǎo gào su xiǎo huǒ bàn shí wù hé shuǐ zài nǎ lǐ xióng zài shù gàn shang mó cā shēn tǐ
过舞蹈告诉小伙伴食物和水在哪里；熊在树干上摩擦身体，
yòng qì wèi liú xià xìn xī dài shǔ yòng wěi ba pāi dǎ dì miàn lái gào zhī tóng bàn yǒu wēi xiǎn
用气味留下信息；袋鼠用尾巴拍打地面来告知同伴有危险；
jīng huì chàng gē yě xǔ zhǐ shì yīn wèi tā men xǐ huan
鲸会唱歌，也许只是因为它们喜欢，
wǒ men bìng bù zhī dào yuán yīn bú guò yě xǔ qí tā
我们并不知道原因，不过，也许其他
jīng zhèng zài qīng tīng
鲸正在倾听。

？宠物是很好的倾听者。你跟你的宠物说过话吗？

小实验：听声音，猜动物

1 找一个远离人群和喧嚣的安静之处。

2 尽量让自己放松，安静地待一会儿。

3 听一听：是谁在说话？鸟儿们是在啁啾，还是在尖叫？松鼠们是在打闹，还是在互相吼叫？

4 现在，闭上你的眼睛，你会听得更清楚。

为什么不对劲？

了解许多动物的习性后，你能看出这幅图中有哪些地方不对劲吗？

为什么种子
会长大?

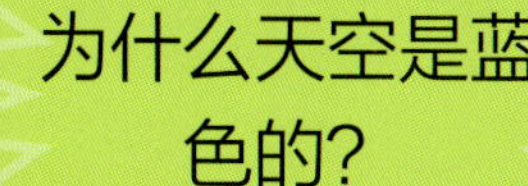

4 美妙的大自然

为什么月亮会变换形状?

为什么雪是白色的?

为什么我们能看到彩虹？

阳光的颜色有：红、橙、黄、绿、蓝、靛和紫。

下次你在瀑布或喷泉前时，可以背对阳光，然后试着在水花中找一找彩虹。

měi cì wǒ men kàn dào cǎi
每次我们看到彩
hóng dōu jué de shì dà dà de jīng xǐ cǎi hóng shì
虹，都觉得是大大的惊喜！彩虹是
yáng guāng hé shuǐ dī xíng chéng de zhuàng guān jǐng xiàng
阳光和水滴形成的壮观景象。
gāng xià yǔ huò jí jiāng xià yǔ de shí hou kōng qì zhōng huì yǒu wú shù kē shuǐ dī
刚下雨或即将下雨的时候，空气中会有无数颗水滴。
yáng guāng zhào shè zài shuǐ dī shang guāng jiù bèi fǎn shè chū lái zhè shí wǒ men
阳光照射在水滴上，光就被反射出来，这时我们
jiù kàn dào le yáng guāng suǒ yǒu de yán sè
就看到了阳光所有的颜色。

yáng guāng shǐ zhè ge shì jiè chōng mǎn le sè cǎi guāng kě yǐ bèi fǎn shè sǎn shè zhé
阳光使这个世界充满了色彩。光可以被反射、散射、折
shè hái kě yǐ bèi xī shōu jiù xiàng hǎi mián huì xī shuǐ yí yàng yáng guāng yóu qī zhǒng yán sè
射，还可以被吸收，就像海绵会吸水一样。阳光由七种颜色
zǔ chéng bú guò wǒ men kàn dào de yáng guāng shì bái sè de yīn wèi dāng guāng fǎn shè shí
组成。不过，我们看到的阳光是白色的，因为当光反射时，
huì hùn hé chéng bái sè tán huí wǒ men de yǎn jing jiǎ rú guāng bèi xī shōu shì
会混合成白色弹回我们的眼睛。假如光被吸收，世
jiè jiù huì biàn chéng qī hēi yí piàn ér dāng guāng bèi sǎn shè huò zhé shè shí
界就会变成漆黑一片。而当光被散射或折射时，
wǒ men jiù néng kàn dào gè zhǒng yán sè le
我们就能看到各种颜色了。

爱尔兰有一个传说：每一道彩虹的尽头都有宝藏。

小实验：寻找彩虹

你可以用水和阳光制造彩虹。

需要准备的材料：

一杯水（玻璃杯）

一张白纸

几支蜡笔

1 把一杯水放在阳光可以晒到的窗台上。

2 把白纸放在玻璃杯下方的地上。

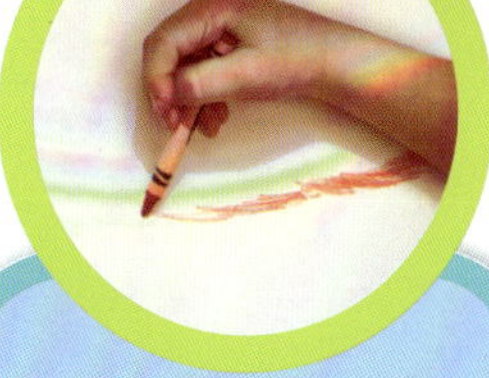

3 移动玻璃杯，直到可以在白纸上看到彩虹。

4 用各种颜色的蜡笔在纸上画出彩虹。

为什么雪是白色的？

xuě shì tiān kōng zhōng de shuǐ zhēng qì yù lěng xíng chéng de shuǐ de
雪是天空中的水蒸气遇冷形成的水的
jié jīng xuě huì fǎn shè bái sè de yáng guāng suǒ yǐ xuě kàn shàng qù
结晶。雪会反射白色的阳光，所以雪看上去
shì bái sè de
是白色的。

黑色会吸收阳光。如果你想暖和些，就可以穿黑色的衣服。

想在夏天保持凉爽吗？你可以穿白色的衣服，这样可以反射阳光。

为什么天空是蓝色的？

空气中有许多细小的灰尘，还有各种各样的气体，比如氧气和臭氧。阳光照在灰尘和气体上就会散射开来。在阳光明媚的白天，蓝光的散射效果最好，所以我们会看到整个天空都是蓝色的。

为什么有风？

bái tiān tài yáng bǎ dì qiú kǎo de hěn rè lù dì bǐ shuǐ rè de kuài suǒ
白天，太阳把地球烤得很热。陆地比水热得快，所
yǐ lù dì shàng fāng de kōng qì bǐ jiào rè wǎn shang lù dì sàn rè yě bǐ shuǐ kuài
以陆地上方的空气比较热。晚上，陆地散热也比水快，
suǒ yǐ lù dì shàng fāng de kōng qì bǐ jiào liáng rè kōng qì bǐ lěng kōng qì qīng suǒ
所以陆地上方的空气比较凉。热空气比冷空气轻，所
yǐ rè kōng qì shàng shēng lěng kōng qì xià chén lěng rè kōng qì xún huán liú dòng
以热空气上升，冷空气下沉。冷热空气循环流动，
biàn xíng chéng le fēng
便形成了风。

人们经常用男孩或女孩的名字为台风命名。

为什么闪电之后才会打雷？

shǎn diàn hé dǎ léi qí shí shì tóng shí fā shēng de
闪电和打雷其实是同时发生的。
wǒ men xiān kàn dào shǎn diàn guò yí huìr cái tīng dào léi
我们先看到闪电，过一会儿才听到雷
shēng shì yīn wèi guāng chuán bō de sù dù bǐ shēng yīn
声，是因为光传播的速度比声音
kuài ràng yí gè péng you zhàn zài rén xíng dào de lìng yì tóu
快。让一个朋友站在人行道的另一头，
ràng tā kàn dào nǐ pāi shǒu shí jǔ qǐ zuǒ shǒu rán hòu ràng
让他看到你拍手时举起左手，然后让
tā zài tīng dào nǐ de pāi shǒu shēng shí jǔ qǐ yòu shǒu nǐ
他在听到你的拍手声时举起右手。你
huì fā xiàn tā de zuǒ shǒu bǐ yòu shǒu jǔ de kuài
会发现，他的左手比右手举得快。

闪电是在雷雨云中形成的。雷雨云又叫积雨云。

闪电的传播速度是每秒 30 万千米。

植物的根会
从种子较尖的那一
端长出来。

在没有光线和重力
的宇宙飞船里发芽的种
子，因为不知道该往哪个
方向生长，植株就会长
得歪歪扭扭的。

为什么种子的芽和根像是不喜欢对方？

dāng zhǒng zi fā yá shí， yá hé gēn dōu
当种子发芽时，芽和根都
huì zhǎng chū lái。 yá hé gēn xiàng shì bù xǐ huan duì
会长出来。芽和根像是不喜欢对
fāng shì de： yá shēng zhǎng zài wēn nuǎn de yáng guāng
方似的：芽生长在温暖的阳光
li， ér qiě cháo zhe yáng guāng de fāng xiàng shēn zhǎn；
里，而且朝着阳光的方向伸展；
gēn zé huì shòu dì xīn yǐn lì de yǐng xiǎng xiàng
根则会受地心引力的影响向
xià shēng zhǎng， ér qiě yuǎn lí yáng guāng。
下生长，而且远离阳光。

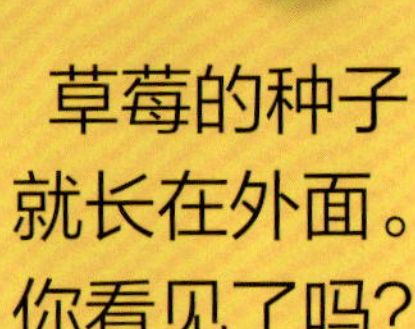

草莓的种子
就长在外面。
你看见了吗？

小实验：种子发芽

亲手种一棵属于自己的植物。如果是夏天，你可以在户外播种。

需要准备的材料：

向日葵种子

花盆

土

1 将土放在花盆里，再挖几个小洞。

2 在每个小洞里放一粒种子。

3 每隔一天浇一点儿水，并确保花盆晒到充足的阳光。

4 耐心地等待，观察接下来会发生什么变化。

为什么海滩上有沙子？

大多数沙子都来自陆地，由河流、小溪、雨水和风带到海滩上。

zhí wù yán shí kuàng wù hé bèi ké jīng guò fēng hé shuǐ de qīn shí
植物、岩石、矿物和贝壳经过风和水的侵蚀，
zhú jiàn bèi mó chéng shā zi hǎi tān shang de yí lì shā zi shuō bu dìng shì
逐渐被磨成沙子。海滩上的一粒沙子，说不定是
kǒng lóng cǎi guo de yí kuài shí tou dà zì rán xū yào hěn cháng shí
恐龙踩过的一块石头。大自然需要很长时
jiān cái néng zhì zào chū shā zi
间才能制造出沙子。

海滩上有许多贝壳，它们大多是贝类生物用来保护自己的“坚硬外衣”。

夏威夷的黑色沙滩是由火山岩浆变成的。

在海滩上倒一点醋，如果沙子里面混着贝类生物，这堆沙子就会冒泡泡。你也可以用小溪边的沙子试一试，看看会不会冒泡泡。

？抓一把沙子仔细看看。里面有没有小石头和贝壳？

如果只能带五样东西去荒岛，你会带些什么？

珊瑚礁是由死亡的珊瑚虫的骨骼堆积而成的。

格陵兰岛是世界上最大的岛屿。

为什么岛屿不是漂浮在水上的?

dǎo yǔ bú shì zhēn de piāo fú zài shuǐ shang suī rán
岛屿不是真的漂浮在水上。虽然
sì zhōu bèi shuǐ bāo wéi zhe dàn zài shuǐ li dǎo yǔ hé lù
四周被水包围着，但在水里，岛屿和陆
dì shì lián zài yì qǐ de yǒu xiē dǎo yǔ shì yóu hǎi dǐ huǒ
地是连在一起的。有些岛屿是由海底火
shān xíng chéng de yǔ hǎi dǐ xiāng lián yǒu xiē dǎo yǔ shì yóu
山形成的，与海底相连；有些岛屿是由
yú fēng hé shuǐ de bú duàn qīn shí cái yǔ lù dì fēn lí de
于风和水的不断侵蚀，才与陆地分离的。

为什么我们摸不到星星？

星星太遥远了，我们摸不到。你所看到的天空中的星星，其实只是它们的光芒。那一束束光经历了很长很长的旅程，才能让你看到。要是从地球出发去星星上旅行，需要的时间可能比你的一生还长。

太阳是离我们最近的恒星，平均距离约为1.496亿千米。

星云是星星们的“摇篮”。

月亮自己不会发光，它只是反射了阳光。

为什么月亮会变换形状？

yuè liang běn shēn bú huì gǎi biàn xíng zhuàng wǒ men yǒng yuǎn zhǐ néng kàn dào tā bèi tài yáng
月亮本身不会改变形状。我们永远只能看到它被太阳
zhào dào de bù fen dāng zhěng gè yuè liang bèi tài yáng zhào dào shí wǒ men chēng zhī wéi mǎn yuè
照到的部分。当整个月亮被太阳照到时，我们称之为满月。
rán hòu yuè liang huì jì xù rào zhe dì qiú zhuàn wǒ men néng kàn dào de bù fen yuè lái yuè shǎo
然后，月亮会继续绕着地球转，我们能看到的部分越来越少，
zhí dào bàn gè yuè hòu yuè liang wán quán xiāo shī jiē zhe yuè liang huì cóng dì qiú de lìng yì biān rào
直到半个月后月亮完全消失。接着月亮会从地球的另一边绕
chū lái yú shì wǒ men kàn dào de bù fen yuè biàn yuè duō zhí dào mǎn yuè zài cì chū xiàn yuè
出来，于是我们看到的部分越变越多，直到满月再次出现。月
liang rào dì qiú yì zhōu yào huā yí gè yuè
亮绕地球一周要花一个月。

图书在版编目（CIP）数据

问答百科．1 /（美）艾美·雪尔德著；吴婧译．—成都：四川少年儿童出版社，2022.9
（国家地理：经典百科全书）
ISBN 978-7-5728-0862-3

Ⅰ．①问… Ⅱ．①艾… ②吴… Ⅲ．①科学知识－儿童读物 Ⅳ．① Z228.1

中国版本图书馆 CIP 数据核字 (2022) 第 142243 号

著作权合同登记号：图进字 21-2021-140
Original title: Little Kids First Big Book of Why

GUOJIA DILI JINGDIAN BAIKE QUANSHU
国家地理 经典百科全书

WENDA BAIKE 1
问答百科1

［美］艾美·雪尔德 / 著　　吴　婧 / 译

出 版 人　常　青
项目统筹　高海潮
特约策划　上海懿海文化传播中心
责任编辑　连　益
责任校对　张舒平
责任印制　李　欣
封面设计　唐艺溢
书籍制作　张　雪

出　　版：四川少年儿童出版社
地　　址：成都市锦江区三色路238号
经　　销：新华书店
网　　址：http://www.sccph.com.cn
网　　店：http://scsnetcbs.tmall.com
印　　刷：四川世纪之彩印刷包装有限公司
成品尺寸：225mm × 215mm
开　　本：20
印　　张：6
字　　数：120千
版　　次：2023年11月第1版
印　　次：2023年11月第1次印刷
书　　号：ISBN 978-7-5728-0862-3
定　　价：40.00元

照片作者

GET: GETTY IMAGES
IS: ISTOCKPHOTO
NGS: NATIONALGEOGRAPHICSTOCK.COM
SS: SHUTTERSTOCK

COVER: CLOCKWISE FROM TOP LEFT, © BILL HEINSOHN/ PHOTOGRAPHER' S CHOICE/ GET; © MORGAN LANE PHOTOGRAPHY/ SS; © FRANCES A. MILLER/ SS; © VIBRANT IMAGE STUDIO/ SS; © CHRIS LEACHMAN/ SS; © BARRY WILLIS/ PHOTOGRAPHER' S CHOICE/ GET; © OLGA BOGATYRENKO/ SS; © FIKMIK/ SS; © IKO/ SS;

BACK COVER, (TOP, RIGHT), LUCIE LANG/ SS; (BOTTOM, RIGHT), UTEKHINA ANNA/ SS; SPINE, VISHNEVSKIY VASILY/ SS; 2 (TOP, LEFT), © GK HART/ VIKKI HART/ THE IMAGE BANK/ GET; 2 (BOTTOM, LEFT), © JEREMY RICHARDS/ SS; 2 (CENTER), © ANDREAS KERMANN/ IS; 2 (RIGHT), © TOM VEZO/ MINDEN PICTURES/ NGS; 3 (TOP), © RICKSHU/ SS; 3 (RIGHT), © LUCKY KEEPER/ SS; 3 (BOTTOM), © S. WANKE/ PHOTOLINK/ GET; 4, © JON BEARD/ SS.

AMAZING ME:
6 (LEFT), © YURI ARCURS/ SS; 6 (CENTER), © YALAYAMA/ SS; 6 (RIGHT), © YURI ARCURS/ SS; 7 (LEFT), © DMITRIY SHIRONOSOV/ SS; 7 (RIGHT), © ANA ABEJON/ IS; 8, © JAIMIE DUPLASS/ SS; 9 (TOP, LEFT), © MIODRAG GAJIC/ IS; 9 (TOP, RIGHT), © PRILL MEDIENDESIGN & FOTOGRAFIE/ IS; 9 (BOTTOM), © LORI EPSTEIN/ WWW.LORIEPSTEIN.COM; 10, © TOM GRILL/ CORBIS; 11, © MARILYN BARBONE/ SS; 12, © MIKE KEMP/ RUBBERBALL; 13 (TOP AND INSET), © JEFF ROTMAN PHOTOGRAPHY; 13 (BOTTOM, LEFT), © MURIEL HAZAN/ PHOTOLIBRARY; 13 (CENTER), © ZTS/ SS; 13 (BOTTOM, RIGHT), © IAN NICHOLS/ NGS; 14 (RIGHT), © CAROLINE PURSER/ PHOTOGRAPHER' S CHOICE/ GET; 15, © LORI EPSTEIN/ WWW.LORIEPSTEIN.COM; 15 (LEFT, INSET), © RMAX/ IS; 15 (BOTTOM), © LORI EPSTEIN/ WWW.LORIEPSTEIN.COM; 17, © BARRY WILLIS/ PHOTOGRAPHER' S CHOICE/ GET; 18, © RYAN MCVAY/ PHOTODISC/ GET; 19 (LEFT), © DON JOHNSTON/ ALAMY; 19 (RIGHT), © FESTUS ROBERT/ SS; 20 (TOP), © DORLING KINDERSLEY/ GET; 20 (BOTTOM), © GEOM/ SS; 21 (ALL), © LORI EPSTEIN/ WWW.LORIEPSTEIN.COM; 22 (LEFT) FROM TOP TO BOTTOM, © PAUL NICKLEN/ NGS; © ANKE VAN WYK/ SS; © KURT MADERSBACHER/ PHOTOLIBRARY; © NATURE' S IMAGES/ PHOTO RESEARCHERS, INC.; 22 (RIGHT), © GARY JOHN NORMAN/ THE IMAGE BANK/ GET; 23 (TOP), © THOMAS M. PERKINS/ SS; 23 (BOTTOM), © ANAN KAEWKHAMMUL/ SS; 24 (INSET), © CHUNGKING/ SS; 24, © MORGAN LANE PHOTOGRAPHY/ SS; 25, © LUCIE LANG/ SS; 25 (INSET), © STEPHEN AARON REES/ SS; 26, © CHRIS LEACHMAN/ SS; 27 (TOP), © HUNTSTOCK/SS; 27 (BOTTOM), © IFONG/ SS; 27 (RIGHT), © CHRISTI TOLBERT/ SS; 28, © RICKT/ SS; 29, © JOHN WRIGHT/ GUINNESS WORLD RECORDS; 30 (LEFT), © HANDY WIDIYANTO/ SS; 30 (RIGHT), © DNF-STYLE PHOTOGRAPHY/ SS; 31, © CATMANDO/ SS; 32–33, PHOTO ILLUSTRATION BY EVA ABSHER, ALL PHOTOS FROM © SS EXCEPT: GIRL PLAYING FRISBEE, GIRL SINGING, AND BASKETBALL, © IS.

HOW THINGS WORK:
34 (LEFT), © BILL HEINSOHN/ PHOTOGRAPHER' S CHOICE/ GET; 34 (RIGHT), © KOTENKO OLEKSANDR/ SS; 35 (TOP), © STEPHEN STRATHDEE/ IS; 35 (BOTTOM), © KOTOMITI/ SS; 36 (LEFT), © NA GEN IMAGING/ WORKBOOK STOCK/ GET; 36 (RIGHT), © DON NICOLS/ IS; 37 (TOP, LEFT), © TOM GRUNDY/ SS; 37 (BOTTOM, LEFT), © GL0CK/ SS; 37 (CENTER), © JAN MARTIN WILL/ SS; 37 (BOTTOM, RIGHT), © JOE POTATO PHOTO/ IS; 38, © CHRIS LEACHMAN/ SS; 39 (TOP, LEFT), © MM88/ IS; 39 (TOP, CENTER), © JOE POTATO PHOTO/ IS; 39 (1), © COSTINT/ IS; 39 (TOP RIGHT, AND 2, 3, 4), © LORI EPSTEIN/ WWW.LORIEPSTEIN.COM; 40–41, © LUIS CARLOS TORRES/ IS; 42 (LEFT), © FCO JAVIER GUTIERREZ/ AGE FOTOSTOCK/ PHOTOLIBRARY; 42 (RIGHT), © FRANCES A. MILLER/ SS; 43 (ALL), © MARK THIESSEN/ NGS; 44 (TOP), © FENG YU/ SS; 44 (BOTTOM, LEFT), © SINISA BOTAS/ SS; 44 (BOTTOM, RIGHT), © CICO/ SS; 45 (TOP), © PALTO/ SS; 45 (TOP, INSET), © NICK BIEMANS/ SS; 45 (BOTTOM, LEFT), © MANFRED STEINBACH/ SS; 45 (BOTTOM, RIGHT), © CHERYL CASEY/ SS; 46, © MICHAEL POLIZA/ NGS; 47 (LEFT), © KENCKOPHOTOGRAPHY/ SS; 47 (RIGHT), © AP PHOTO/ ALAN WELNER; 48, © IMAGEBROKER/ ALAMY; 49 (LEFT), © STEVEN HAGGARD/ ALAMY; 49 (RIGHT), © ASTOCK/ CORBIS; 50, © LORI EPSTEIN/ WWW.LORIEPSTEIN.COM; 51 (TOP, LEFT), © MINISTR-84/ SS; 51 (BOTTOM, LEFT), © WILLEECOLE/ SS; 51 (CENTER), © DMITRY KALINOVSKY/ SS; 51 (BOTTOM, RIGHT), © BRETT MULCAHY/ SS; 52, © JOHN BURCHAM/ NGS; 54, © ZOOMMER/ IS; 55, © STEPHANE HUBERT/ DIGITAL LIGHT SOURCE/ PHOTOLIBRARY; 56, © LOWELL GEORGIA/ NGS; 57 (TOP), © MIRCEA BEZERGHEANU/ SS; 57 (BOTTOM), © EDGEWATER MEDIA/ SS; 57 (RIGHT), © IVAN CHOLAKOV GOSTOCK-DOT-NET/ SS; 58, © JUPITERIMAGES/ COMSTOCK IMAGES/ GET; 59 (LEFT), © IKO/ SS; 59 (TOP, RIGHT), © BRENDA CARSON/ SS; 59 (CENTER, RIGHT), © JAG_CZ/ SS; 60 (INSET), © DENIS AND YULIA POGOSTINS/ SS; 60–61, © VIBRANT IMAGE STUDIO/ SS; 62, © STRINGER/ REUTERS/ CORBIS; 63 (ALL), © MARK THIESSEN/ NGS; 64–65, PHOTO ILLUSTRATION BY EVA ABSHER, ALL PHOTOS FROM © SS EXCEPT: CHECKER BOARD, DINOSAUR, AND COWS, © IS.

ANIMALS ALL AROUND:
66 (TOP, LEFT), © VOLODYMYR KRASYUK/ SS; 66 (CENTER, LEFT), © MIKHAIL MEINIKOV/ SS; 66 (BOTTOM, LEFT), © SUSAN SCHMITZ/ SS; 66 (TOP, CENTER), © MILOS LUZANIN/ SS; 66 (CENTER), © ERIC ISSELé E/ SS; 66 (TOP, RIGHT), © ERIC ISSELé E/ SS; 67 CLOCKWISE FROM TOP LEFT, © VISHNEVSKIY VASILY/ SS; © STEVE BYLAND/ SS; © B. STEFANOV/ SS; © FIKMIK/ SS; © UTEKHINA ANNA/ SS; © ERIC ISSELé E/ SS; 68, © SERGEY LAVRENTEV/ SS; 69 (LEFT), © IOFOTO/ SS; 69 (TOP, RIGHT), © LARS CHRISTENSEN/ SS; 69 (CENTER, RIGHT), © JAN TYLER/ IS; 69 (BOTTOM, RIGHT), © JIM PARKIN/ SS; 70 (BOTH), © KONRAD WOTHE/ MINDEN PICTURES/ NGS; 71, © ORHAN CAM/ SS; 72, © DON PAULSON/ ALAMY; 73 (TOP), © MASHE/ SS; 73 (BOTTOM, LEFT), © ACCENT ALASKA.COM/ ALAMY; 73 (BOTTOM, RIGHT), © JOHN O' NEIL/ ANTPHOTO.COM.AU; 74 (LEFT), © KAY NEITFELD/ DPA/ CORBIS; 74 (RIGHT), © MOGENS TROLLE/ SS; 75 (TOP, LEFT), © DIRK FREDER/ IS; 75 (TOP, RIGHT), © FLORIDASTOCK/ SS; 75 (BOTTOM, LEFT), © RONNIE HOWARD/ SS; 75 (BOTTOM, CENTER), © CHRIS ALCOCK/ SS; 75 (BOTTOM, RIGHT), © IDESIGN/ SS; 76, © BRUCE COLEMAN INC./ ALAMY; 76–77, © SPECTA/ SS; 77 (INSET), © ROBERT SISSON/ NGS; 78, © THEO ALLOFS/ PHOTONICA/ GET; 79, © ERIC ISSELé E/ SS; 80 (LEFT), © TOM VEZO/ MINDEN PICTURES/ NGS; 80 (RIGHT), © WINDZEPHER/ IS; 81 (TOP), © LUIZ A. ROCHA/ SS; 81 (CENTER, LEFT), © MARK MOFFETT/ MINDEN PICTURES/ NGS; 81 (CENTER), © SASCHA GEBHARDT/ IS.COM; 81 (CENTER, RIGHT), © JAMES LAURIE/ SS; 81 (BOTTOM, LEFT), © MICHAL POTOK/ SS; 81 (BOTTOM, RIGHT), © MARK MOFFETT/ MINDEN PICTURES/ NGS; 82 (INSET), © DARLYNE A. MURAWSKI/ NGS; 82–83, © DENIS SCOTT/ CORBIS; 83, CLEARVIEWSTOCK/ SS; 84 (LEFT), © D. KUCHARSKI & K. KUCHARSKI/ SS; 84 (TOP), © DANIEL COOPER/ IS; 84 (CENTER, RIGHT), © IRIN-K/ SS; 84 (BOTTOM), © HENRIK LARSSON/ SS; 85, © MIRVAV/ SS; 86 (TOP), © ERIC ISSELé E/ SS; 86 (INSET), © NORBERT WU/ MINDEN PICTURES/ NGS; 87 (TOP), © JOHN CARNEMOLLA/ SS; 87 (BOTTOM), © FRANK LUKASSECK/ CORBIS; 88 (INSET), © KONRAD WOTHE/ MINDEN PICTURES/ NGS; 88, © SCOTT LINSTEAD/ FN/ MINDEN PICTURES/ NGS; 89 (LEFT), © DENIS PEPIN/ SS; 89 (RIGHT), © ENRIQUE R. AGUIRRE AVES/ ALAMY; 90, © HEIDI AND HANS-JURGEN KOCH/ MINDEN PICTURES/ NGS; 91 (TOP), © ALAN WEAVING/ ARDEA.COM; 91 (BOTTOM), © PAUL TESSIER/ IS; 92 (INSET), © MARTIN SHIELDS/ ALAMY; 92, © ANDREW DARRINGTON/ ALAMY; 93, © JAY SHRESTHA; 94, © CHRISTOPHER ELWELL/ SS; 95 (LEFT), © LILKAR/ SS; 95 (RIGHT), © MICHAEL AVORY/ SS; 96 (LEFT), © ARIEL SKELLEY/ THE IMAGE BANK/ GET; 96 (RIGHT), © GIEL/ TAXI/ GET; 97, © RADIUS IMAGES/ CORBIS; 97 (TOP, INSET), © MAKSYM GORPENYUK/ SS; 97 (TOP, RIGHT), © IRIN-K/ SS; 97 (RIGHT, INSET), © BRUCE MACQUEEN; 98–99, PHOTO ILLUSTRATION BY EVA ABSHER, ALL PHOTOS FROM © SS EXCEPT: BASKETBALL, © IS.

WONDERS OF THE WORLD:
100 (LEFT), © TOBIAS HELBIG/ IS; 100 (RIGHT), © DMITRY KOSTEREV/ SS; 101 (LEFT), © PAKOWACZ/ SS; 101 (RIGHT), © YAROSLAV/ SS; 102, © JEREMY RICHARDS/ SS; 103 (ALL), © MARK THIESSEN/ NGS; 104, © LOSEVSKY PAVEL/ SS; 105, © PAKHNYUSHCHA/ SS; 106, © GORILLA/ SS; 107 (TOP), © ALISTAIR BERG/ DIGITAL VISION/ GET; 107 (BOTTOM), © NASA/ JSC/ ES&IA; 108, © NICOLAS MCCOMBER/ SS; 109, © MARCO ALEGRIA/ SS; 110 (LEFT), © F.C.G./ SS; 110 (CENTER), © BEATA BECIA/ SS; 110 (RIGHT), © SZEFEI/ SS; 111 (ALL), © BECKY HALE/ NGS; 112, © YORY FRENKLAKH/ IS; 113 (TOP, LEFT), © NYVIT-ART/ SS; 113 (TOP, RIGHT), © USGS/ HVO; 113 (BOTTOM), © DARREN GREEN/ SS; 114, © NICKOLAY STANEV/ SS; 115, © PETER HARRISON/ TICKET/ PHOTOLIBRARY; 116, © NASA/ JPL; 117, © CHRISTOPHE LEHENAFF/ PHOTONONSTOP/ PHOTOLIBRARY; 118, © RAVI/ SS.